100

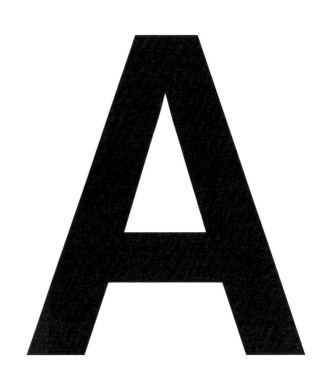

VERLAG KETTLER

Rolf Schulten

100

Stadtautobahn Berlin

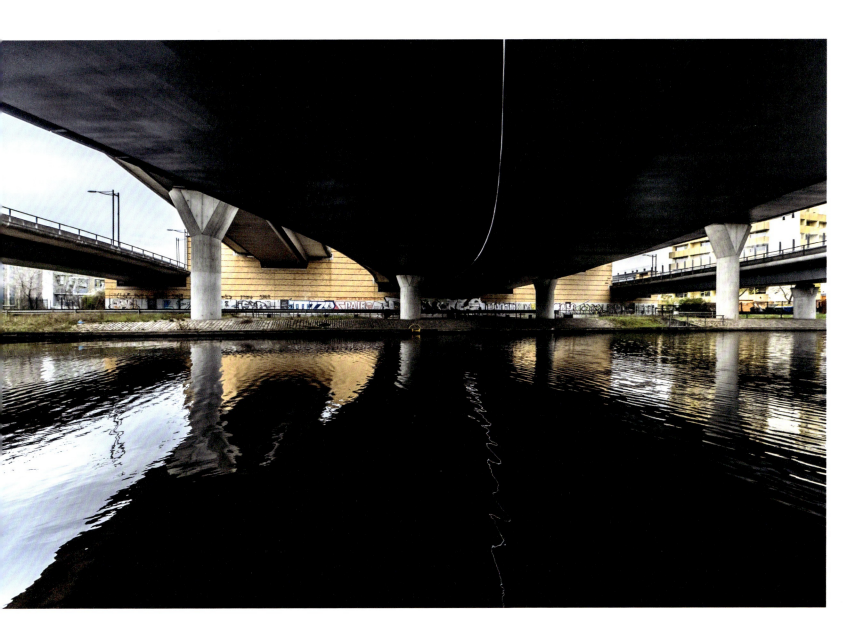

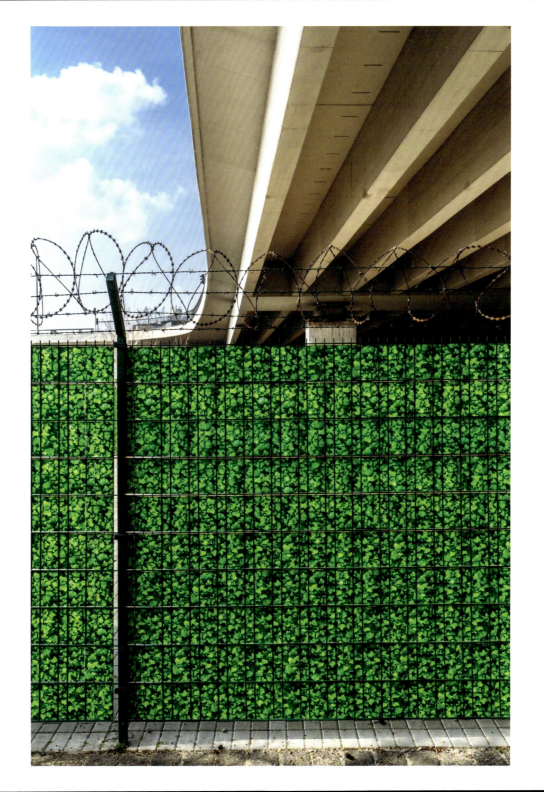

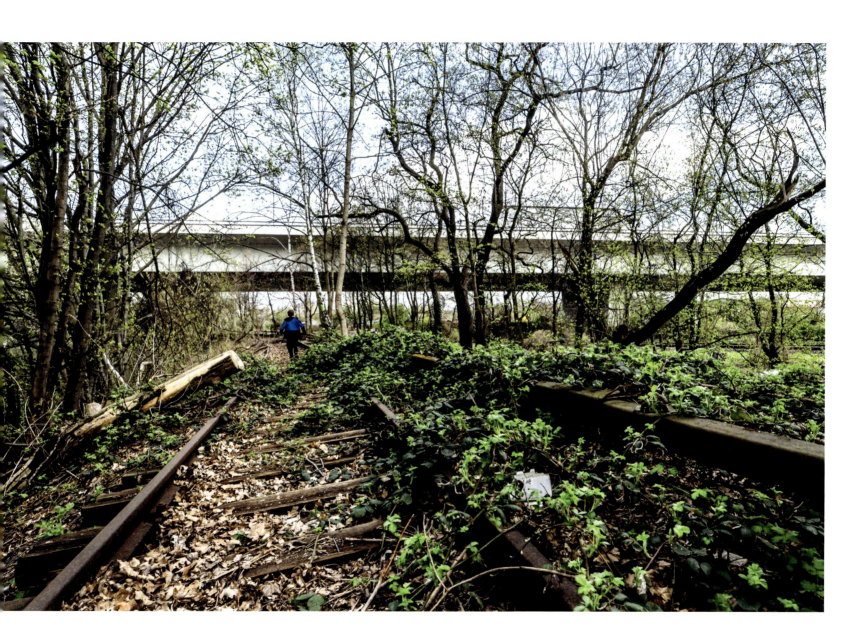

Brüche. Brachen.

Die Berliner Stadtautobahn A100 wurde zwischen den 60er und 90er Jahren des letzten Jahrhunderts gebaut. Auf 28 Kilometern schlägt sie in einem Halbkreis eine meist sechsspurige Schneise durch den Westen der Stadt, durch Wohn- und Gewerbegebiete gleichermaßen. Sie verbindet unterschiedliche Stadtbezirke, aber trennt und zerstört auch Lebensräume. Zugleich entstanden in ihrer unmittelbaren Nähe ganz eigene Nutzungsformen.

Die Stadtautobahn wurde seinerzeit für den bewegten Blick der auf ihr fahrenden Menschen entworfen. Attraktive Kurvenführung, fließende Linien und ungewöhnliche Architektur sollten ein emotionalisierendes Erleben der Schnellstraße ermöglichen.

Als neben der Autobahn stehender Betrachter wende ich mich nun von dieser motorisierten Perspektive ab und erblicke ein massives Bauwerk.

Wie stößt dieses in Beton gegossene Mobilitätsversprechen an sein urbanes Umfeld? Welche Un-Orte, Brüche und Brachen hat dies geschaffen? Wie arrangieren sich die Menschen mit der wuchtigen Präsenz der A100? Welche Spuren hinterlassen sie?

Die Fotos entstanden in den Jahren 2021 bis 2023 auf Erkundungen mit dem Fahrrad entlang der gesamten Strecke sowie ihren Zubringern, vom Wedding im Norden bis nach Neukölln im Süden der Stadt. Sie dokumentieren Orte, die im Schatten dieser Betonschneise der Tristesse und Unbewohnbarkeit verfallen sind. Diese entgehen meist unserer Aufmerksamkeit und machen den Preis des Mobilitätstraums sichtbar.

Die fotografische Inszenierung einer autofreien Autobahn trügt indes. Die A100 gehört auf einigen Abschnitten zu den meistbefahrenen Autobahnen Deutschlands. Um das Bauwerk selbst deutlich werden zu lassen, den Blick vom fließenden oder stehenden Verkehr zu lösen, habe ich mich entschieden, seltene Augenblicke der Leere und Stille einzufangen, die kurzen Fermaten im Grundrauschen.

Derweil wird die autozentrierte Stadtplanung fortgesetzt: die A100 wird in die östlichen Stadtbezirke weitergeführt.

Rolf Schulten
Dezember 2024

Fractures. Wastelands.

Berlin's A100 urban highway was built over decades: from the 1960s to the 1990s. Spanning over 28 kilometers, it cuts a mostly six-lane path in a semicircle through the western part of the city, through residential and commercial areas alike. It connects city districts, yet also divides and displaces communities. At the same time, distinct forms of use have emerged in its immediate vicinity.

Designed with the motorist in mind, the highway aimed to create an emotional experience through its attractive curves, flowing lines, and distinctive architecture—intended for the moving gaze of those driving on it.

As an observer standing next to the freeway, I'm going to turn away from this motorized perspective— and what I see is a massive structure.

How does this promise of mobility, cast in concrete, interact with its urban surroundings? What non-places, fractures and wastelands has it created? How do people reconcile with the imposing presence of the A100? And what traces do they leave behind?

The photos in this collection were taken between 2021 and 2023 during explorations by bike along the entire route and some of its secondary roads, from Wedding in the north to Neukölln in the south. They document places that have fallen into dreariness and uninhabitability in the shadow of this concrete corridor. These sites often escape our notice, yet they reveal the true cost of the mobility dream.

However, the photographic staging of a car-free highway is deceptive. Some sections of the A100 are among the busiest in Germany. In order to portray the essence of the structure itself, to detach the view from the flowing or stationary traffic, I opted to capture rare moments of emptiness and silence, the brief fermatas in the background noise.

Meanwhile, car-centric urban planning marches on: the A100 is being extended into the eastern districts of the city.

Rolf Schulten
December 2024

Orte. Places.

5	Anschlussstelle Buschkrugallee
7	Tunnel Innsbrucker Platz
9	Tunnel Innsbrucker Platz
11	Kreuzungsbauwerk Anschlussstelle Schmargendorf
13	Tunneleinfahrt Innsbrucker Platz
15	Anschlussstelle Saarstraße (A 103)
16	Kreuz Schöneberg
18	Kleingärten an der Rudolf-Wissell-Brücke
19	Anschlussstelle Saarstraße (A 103)
21	Brücken über den Neuköllner Schifffahrtskanal am Dreieck Neukölln
22	Autowaschanlage unterhalb der Hochstraße am Heidelberger Platz
23	Südliche Tunneleinfahrt unter dem Wohnkomplex Schlangenbader Straße
25	Tunnel Innsbrucker Platz
27	Nördliche Tunneleinfahrt unter dem Wohnkomplex Schlangenbader Straße
29	Kleingärten an der Rudolf-Wissell-Brücke
31	Begrünung am Kreuz Schöneberg
33	Dreieck Funkturm
35	Joachim-Tiburtius-Brücke (Anschlussstelle Filandastraße der A103)
37	Luisenkirchhof II südlich der Anschlussstelle Spandauer Damm
38	Brücken der Anschlussstelle Gradestraße und der Neukölln-Mittenwalder Eisenbahn über den Teltowkanal
39	Gleise der eingestellten Siemensbahn an der Rudolf-Wissell-Brücke
41	Brücke über den Teltowkanal an der Anschlussstelle Gradestraße
43	Dreieck Neukölln
44	Dreieck Neukölln
45	Fußgängerbrücke Goerdelersteg zwischen dem Dreieck Charlottenburg und der Anschlussstelle Beußelstraße
46	Kreuzungsbauwerk Anschlussstelle Schmargendorf
47	Anschlussstelle Filandastraße (A 103)
48	Private Garageneinfahrt zwischen den Anschlussstellen Kaiserdamm und Messedamm-Nord
49	Aufgang zur Joachim-Tiburtius-Brücke am „Bierpinsel" (A 103)
50	Skatepark unterhalb der Hochstraße am Heidelberger Platz
52	Fassade eines Baumarktes zwischen den Anschlussstellen Kurfürstendamm und Hohenzollerndamm
53	Motel und Restaurant Avus (A 115)

54	Wohnhaus zwischen den Anschlussstellen Kaiserdamm und Messedamm-Nord	78	Ehemalige Autobahn-Bushaltestelle Düppelstraße (A 103)
55	Anschlussstelle Kaiserdamm	79	Brücke über den Tempelhofer Damm
57	Wohnhaus an der Hochstraße nahe Bundesplatz	81	Brücke über den Tempelhofer Damm
58	Wohnhäuser an der Anschlussstelle Saarstraße (A 103)	83	„Bierpinsel" an der Joachim-Tiburtius-Brücke (A 103)
59	Wohnhaus an der Breitenbachplatzbrücke	85	Brücke über die Buschkrugallee
60	Blick von der Wexstraße zur unbebauten Friedenauer Höhe (März 2021)	87	Demonstration auf der A 100 für eine sozial gerechte Verkehrswende nahe der Anschlussstelle Tempelhofer Damm (23.4.2023)
61	Blick von der Wexstraße zur bebauten Friedenauer Höhe (Dezember 2023)	89	Tunnelausfahrt Innsbrucker Platz. Fahrrad-Sternfahrt unter dem Motto „Rauf aufs Rad – Verkehrswende jetzt umsetzen" (12.6.2022)
63	Wohnhaus an der Joachim-Tiburtius-Brücke (Anschlussstelle Filandastraße der A 103)		
65	Wohnhäuser an der Joachim-Tiburtius-Brücke (Anschlussstelle Filandastraße der A 103)		
67	Wohnhaus zwischen Rathenauplatz und Schwarzbacher Brücke		
68	Hochstraße am Bundesplatz		
69	Hochstraße am Bundesplatz		
71	Hochstraße am Heidelberger Platz		
72	Tunnel am Fernbahnhof Südkreuz		
73	Rudolf-Wissell-Brücke		
74	Parkhaus an der Joachim-Tiburtius-Brücke (A 103)		
75	Brücke über den Tempelhofer Damm		
77	Kreuzungsbauwerk Anschlussstelle Schmargendorf		

Rolf Schulten, geboren in Hamburg, lebt als freier Fotograf in Berlin. 1985–1992 Studium der Fotografie an der FH Bielefeld. Seit 1993 Mitglied der Journalistenetage, Berlin. Veranstaltungsfotografie, Industriefotografie, Porträts und Reportagen für Fachmedien im Bereich Bildung, Gesundheit, Klimawandel und Gewerkschaften. Mitglied bei Freelens.

Veröffentlichungen (Auswahl): Foto/Φoto. Annäherung an die Sowjetunion (Hannover 1989); Lithuania. 24 hours (Vilnius 2004); Barock in Arbeit. Die Kunst der Rekonstruktion und das neue Berliner Schloss (Berlin 2017).

Rolf Schulten, born in Hamburg, lives as a freelance photographer in Berlin. 1985–1992 studied photography at the FH Bielefeld. Member of Journalistenetage, Berlin, since 1993. Event photography, industrial photography, portraits and reports for specialist media in the fields of education, health, climate change and trade unions. Member of Freelens.

Publications (selection): Foto/Φoto. Annäherung an die Sowjetunion (Hanover 1989); Lithuania. 24 hours (Vilnius 2004); Barock in Arbeit. Die Kunst der Rekonstruktion und das neue Berliner Schloss (Berlin 2017).

www.rolf-schulten.com

Dank an/Thanks to:

Nick Ash
Bernard Fischer-Khonsari
Miriam Freudig
Ines Hahn
Paul Hockenos
Finbarr Wilbrink
Kerstin Zillmer

Die Senatsverwaltung für Kultur und Gesellschaftlichen Zusammenhalt hat im Rahmen der Künstler*innenförderung aus Mitteln der Stiftung Deutsche Klassenlotterie Berlin einen Teil der Fotoserie für das Stadtmuseum Berlin erworben.

Erste Auflage 2025

© 2025 für Fotografie und Text: Rolf Schulten
© 2025 für diese Ausgabe: Verlag Kettler

Alle Rechte vorbehalten. Kein Teil dieses Buches darf in irgendeiner Form (Druck, Fotokopie, oder einem anderen Verfahren) ohne Genehmigung des Verlages reproduziert oder unter Verwendung elektronischer Systeme verarbeitet werden.

Konzeption und Buchgestaltung
Bernard Fischer-Khonsari und Rolf Schulten

Gesamtherstellung
Druckerei Kettler, Bönen

Erschienen im
Verlag Kettler, Bönen
www.verlag-kettler.de

ISBN 978-3-98741-179-3

Die straffe Fahrt der Automobile auf der großen glatten Straße.

Franz Kafka, Tagebücher. Eintrag vom 8. September 1911

The tight driving of the automobiles on the large smooth street.

Franz Kafka, Diaries. Entry from September 8, 1911